YS g420

OBSERVATIONS

SUR LES

SPECTACLES

En général, et en particulier sur le Colisée.

Par M. L. Gachet.

Permettons à la raison de porter au hasard son flambeau sur tous les objets de nos plaisirs, si nous voulons la mettre à portée de découvrir au génie quelque route inconnue. Lettre de M. d'Alembert à M. J. J. Rousseau.

A PARIS,

De l'Imprimerie de P. Alex. Le Prieur, Imprimeur du Roi, rue Saint-Jacques.

L'Ouvrage se trouve au COLISÉE.

M. DCC. LXXII.

AU LECTEUR.

Les Obfervations que l'on préfente ici au Public fur nos Spectacles, ne font point écrites avec ce ton fpirituellement & plaifamment ridicule, railleur & indécent de la *Lettre fuppofée d'une Dame du Fauxbourg Saint-Germain à MM. P*** de M***, Secrétaires du Roi de J***, Amateurs du Théâtre, & Auteurs du nouveau Projet pour la Comédie Françaife.* Si l'on s'y eft permis quelque critique fur les Salles de nos Théâtres, c'eft moins pour en blâmer les défauts préfens , que pour les faire éviter en cas de quelque conſtruction nouvelle. Il ne faut pas prendre à la lettre ce qu'on en dit , mais dans le ſens de l'Auteur : il ne prétend point avancer qu'elles ſoient abſolument ſans goût , ſans architecture ; il auroit grand tort , particuliérement à l'égard de celle de l'Opéra , la plus ſpacieuſe , la plus noble , & qui offre en Hiver aux Spectateurs un commode foyer , ſur toute la longueur duquel régne un beau balcon où l'on peut reſpirer l'air en Eté. Ce qu'il veut faire entendre , c'eſt que toutes ont des défauts , qu'elles ſont trop reſſerrées pour le nombre des Perſonnes qui s'y préſentent , & qu'elles ne peuvent , conformément à ſon deſſein, contenir une multitude immenſe.

On n'a point brillanté ces réflexions de ce ftyle étincelant d'imaginations éblouiffantes qui font les agrémens du langage à la mode ; on n'y verra point de ces idées ingénieufes , plaifantes , mais bizares , frivoles , folles & fanatiques , qui vont enchanter nos petits Maîtres dans la lecture de la Lettre que je viens de citer.

Ce n'eft pas qu'il n'y en ait de bien juftes dans ce léger écrit. Je trouve bien raifonnable l'oppofition qu'on forme à la deftruction des Maifons du fpacieux Carrefour des belles Rues Dauphine, de Buffy , &c. ; il ne faut jamais détruire rien de beau , pour y fubftituer même du plus beau ; parce que le regret de ce que l'on perd diminue la fatisfaction du dédommagement

A iij

qu'on recouvre , fi avantageux qu'il
foit. Il vaut mieux conftruire dans le
vuide ; c'eft alors une efpece de créa-
tion , qui frappe pour la nouveauté
des objets qu'elle préfente. Il y auroit
peut-être encore plus de mérite , en
dédommageant amplement , aux frais
de l'Etat, les Particuliers léfés , à rafer
quelque quartier mal bâti , mal-pro-
pre , mal-fain , pour l'aérer , le fpacier
& y élever un monument digne du
goût François : on jouiroit alors du
plaifir que goûte celui qui, d'un défert
marécageux & infect , a formé un lieu
pur , fain , agréable , charmant , enchanteur. Le fouvenir du mal eft une
ombre qui releve le bien & lui donne
un plus grand luftre.

On compte donc, que fi l'on fe déter-

mine à quelque entreprife, on remé-
diera à tous les inconvéniens reprochés
dans les obfervations ; qu'on n'oubliera
point de mettre à l'aife les Spectateurs ;
qu'on ne fera plus debout au Parterre,
lieu le plus favorable à la vue & à
l'audition des Acteurs ; qu'on y aura,
ainfi que par-tout, des fieges commodes, élevés les uns au-deffus des
autres par la pente du terrein, entre
les rangs defquels on pourra paffer
librement, & où, par-conféquent, on
n'aura ni les genoux, ni les pieds à la
torture ; qu'on retranchera ces Loges,
ces Balcons, dont les féparations em-
portent tant de place, & que tout autour du Bâtiment, des gradins fans
nombre fourniront des places à une
foule innombrable ; car à quoi fervi-

roit, je le demande, une conftruction nouvelle de nos Spectacles dans laquelle on laifferoit fubfifter tous leurs défauts, qu'à perpétuer notre génie & notre déshonneur ?

OBSERVATIONS

SUR LES

SPECTACLES

EN GÉNÉRAL, ET EN PARTICULIER
SUR LE COLISÉE.

Quandiù ſtabit Coliſæus , & ſtabit Roma , quandò cadet Coliſæus cadet & Roma , quandò cadet Roma, cadet & Mundus. Gloſſ. de Duch. T. III.

Sɪ l'éloquent d'Alembert & le ſublime Rouſſeau , qui dans leur diſpute au ſujet de l'établiſſement d'un Spectacle à Genève , ont lutté avec tant de force & d'égalité dans l'Arène Littéraire , qu'il y auroit témérité de prononcer entre l'un & l'autre , euſſent enviſagé

cet objet fous le feul point de *civili-*
fation (1) *générale* , l'accord de leurs
fentimens nous eût privé des plus fines
& des plus judicieufes réflexions qu'on
ait jamais faites fur cette matiere (2).

(1) Cette expreffion n'eft pas prife dans un
fens judiciaire , mais politique.

(2) Je n'ai de preuve à donner de ce que
j'avance que pour M. Rouffeau, puifque M.
d'Alembert étoit pour l'affirmative de l'utilité des Spectacles ; or, par rapport au premier, je la tire de l'écrit même où il s'y
oppofe fi fortement. Voici fes paroles: « L'exer-
» cice des armes qui nous raffemble tous les
» Printems , les divers prix qu'on tire une
» partie de l'année , les fêtes militaires que
» ces prix occafionnent , le goût de la chaffe
» commun à tous les Génevois , réuniffant
» fréquemment les hommes , leur donne occa-
» fion de former entr'eux des fociétés de
» table , des parties de campagne , & enfin
» des liaifons d'amitié ». Or, tout ce qui
tend à la liaifon des hommes entr'eux, tend
à leur civilifation, qui affurément ne peut
être qu'un bien : donc fi M. Rouffeau, en
mettant à part les dangers des Spectacles pour
les mœurs, ou en goûtant les moyens poffibles
de les prévenir, n'eût confidéré cette quef-
tion que fous l'afpect fous lequel nous l'en-
vifageons, il eût été d'accord avec nous , ou
ne l'eût pas été avec lui-même.

Un peu d'équivoque dans les termes
& les idées, nous a procuré deux Ou-
vrages immortels. Ce mot également
sacré pour ces deux grands hommes,
ce mot, dis-je, les *Mœurs*, a causé
leur division & leur choc, d'où il n'est
forti que des traits de lumiere, qui en
nous manifestant la pureté de leur
intention, ont répandu le plus grand
jour sur le vrai moral, relatif à l'ordre
social.

Pour moi, qui dans la considéra-
tion de tous les Spectacles de cette Ville
immense, n'ai en vue que la plus parfaite civilisation de ses Habitans, des
Etrangers & des Regnicoles, qui s'y
trouvent continuellement rassemblés
par les différentes branches de Commerce quelle étend au plus loin, par
les Sciences, les Arts & les plaisirs
quelle renferme dans son sein, adop-
tant tout ce que nos deux célèbres
Auteurs nous ont dit d'excellent sur les
moyens d'épurer les Spectacles ; sans
porter de jugement décisif sur aucun,
j'exposerai dans une description, celui
qui selon moi seroit le plus propre à
l'utile fin qui m'engage dans les Observations qu'on va lire.

Le délaſſement, la diſſipation, le plaiſir, ſont des beſoins auſſi réels & ſouvent auſſi néceſſaires à la ſanté, & à notre conſervation, que le dormir, le boire & le manger. Se ſatisfaire à propos ſur ces articles, loin d'être un crime, comme voudroient le perſuader quelques Miſantropes, peut-être indigne même de vivre avec des ours, trop ſociables encore pour ces monſtres à figure humaine, eſt un devoir dicté par la nature. La laſſitude, le dégoût, l'ennui, ſont des ſymptômes auſſi certains du beſoin que nous avons du repos, de la récréation, des divertiſſemens, que la ſoif, l'eſt de la néceſſité de nous déſaltérer ; la faim, de nous ſubſtanter ; le ſommeil de dormir (1).

(a) C'eſt un beſoin commun à tous les genres d'animaux, à tous les âges, à tous les ſexes. *Ludunt interſe Catuli Equlei, Leunculi, ludunt in aquis piſces, ludunt homines labore fracti & aliquid remittunt, ut animos reficiant.* (Buleng. de Lud. Priv. ac Domeſt. veterum).

Un arc toujours bandé perdroit abſolument ſon reſſort & ſon élaſticité : *Arcus & arma tua tibi ſunt imitanda Dianæ,* nous dit lui-même un Philoſophe : *Si nunquam ceſſes tendere, mollis erit.* (Anacharſis).

L'homme dès la naiſſance du monde s'y eſt livré par cet inſtinct natu-
rel , qui le porte à la recherche du
bien-être de ſon individu. Il n'y a pas
à douter , que dans l'état même
de Sauvage , état qui n'a pas duré
long-tems dans les climats heureux
& féconds , il ne ſe plût à contempler
le Spectacle raviſſant d'une belle au-
rore , où les rayons tempérés de la lumiere naiſſante, lui préſentoit la terre,
ſes montagnes , ſes bois , ſes val-
lons , ſes prairies , avec cette délicieuſe
fraîcheur , ce tendre coloris , qui dé-
corerent toutes ces merveilles au ſor-
tir des mains du Créateur. Puis jouiſ-
ſant par détail , tantôt il s'arrêtoit au
bord d'une ſource limpide , qui lui
offroit ſon image , écoutant avec plaiſir la douceur de ſon murmure. Tantôt un coup d'œil porté ſur l'émail
des fleurs, l'attirant plus près d'elles,
lui faiſoit reſpirer leurs parfums ; tantôt ſous un ombrage épais , il écou-
toit la mélodie de Phylomèle, ou les
concerts variés d'une infinité d'oiſeaux ;
tantôt ſa vue s'arrêtoit ſur les couleurs
éclatantes d'une brillante iris ; tantôt
étendu ſur l'herbe ou ſur la mouſſe,

il admiroit le fpectacle majeftueux de
la voûte du Ciel , féméé d'aftres ra-
dieux , & reftoit indécis fur les charmes d'un beau jour ou d'une belle
nuit ; tantôt fe bornant à des plaifirs
plus fimples, il s'amufoit des jeux des
animaux familiers ou domeftiques qui
l'environnoient. Penfe-t-on qu'il fut
moins flatté de voir ceux de fes enfans &
de ceux de fes voifins ? non fans doute ,
il en étoit d'autant plus charmé qu'il
y découvroit une vivacité , une adreffe , une intelligence , pronoftics des
qualités qui brilleroient en eux. Chofe
encore plus intéreffante , il dévoiloit le
fond du caractere des perfonnages ;
car les jeux , les amufemens, les divertiffemens nous démafquent , & les
plus politiques s'y décèlent. C'eft le
Théatre de la franchife & de la fin-
cérité , parce que l'efprit & le cœur
ne peuvent trouver dans une ouverte
gaîté , les ombres fous lefquelles ils
ne fe cachent que trop facilement dans
les détours des affaires (1).

(1) *In Ludis fe prodit animus, neque ferè in*
apertâ Hilaritate latebras habet , quas & plu-
rimas & facillimè inter occupationum & cura-

. Mais tous ces amuſemens, quelque
agréables qu'ils fuſſent par eux-mêmes, euſſent perdu moitié du plaiſir
qu'ils procuroient à l'homme, s'il
n'eût pû témoigner à d'autres la ſatis-
faction qu'il éprouvoit, en la faiſant
éclater par des tranſports, qui animoient ſa femme, ſa famille, ſes amis,
des mêmes ſentimens qui le péné-
troient.

. Delà cette allégreſſe commune qui
par des Chants, des Danſes, des Jeux,
raſſembloient pluſieurs familles, &
quelquefois des Bourgades entieres :
delà les Fêtes, les Spectacles. C'eſt
donc au plaiſir que nous devons la ſo-
ciété ; & ſi ce n'eſt pas le ſeul attrait
qui ait attiré les hommes, les uns auprès des autres ; du moins, eſt-ce un
des fils qui les a amené le plus volon-
tairement au point de la réunion ſo-
ciale, & que les y tient le plus invin-
ciblement & le plus agréablement at-
tachés (1).

rum ſinuoſa, ſemper invenit. (Græc. Ludib. J.
Meurſii, Epiſt. Dedic. Petro Scriverio).
   (1) L'intérêt, le beſoin, le plaiſir ont rap-
proché les hommes. (Analyſ. de l'Eſp. des
Loix, par M. d'Alembert).

Cette expérience nous induit à croire, que c'eſt un des moyens les plus
puiſſans pour les porter à la civiliſation ; or, comme dans l'ordre politique ce doit être le but principal des
Spectacles ; le plaiſir , mais en même-
tems la décence en doivent être l'ame.
Celui donc, d'après l'examen, qui pourra réunir plus de monde , mieux varier les Jeux , exercer le corps, récréer l'eſprit, ſatisfaire le cœur, poliſ-
ſer & morigéner la Nation, doit emporter les ſuffrages.

Habitans de cette Ville depuis ſix
mois, j'ai aſſiſté à tous ſucceſſivement
ſelon l'idée d'excellence & de ſupério-
rité que je m'en étois formée , &
après la jouiſſance , j'ai eu peu de
choſe à réformer à mon opinion.

On trouvera peut-être déplacé, ce
que je vais dire ſur les bas Spectacles.
Qu'elle confuſion , me dira-t-on , parler dans un même écrit, des Parades ,
des Farces , des Marionnettes, de la
Comédie Françoiſe & de l'Opéra ! je ne
confonds rien ; je ne prétends pas même
comparer un Spectacle, quel qu'il ſoit,
avec un autre ; je les prendrai tous en
particulier. Il ſeroit donc auſſi injuſte de
me

me faire un reproche de defcendre, jufqu'aux plus vils , qu'il le feroit fi je voulois remonter à l'origine des nô- tres, de parler des Troubadours, des Turlupins , &c. qu'il l'eût été de faire un crime à Boileau d'en avoir fait mention dans fon Art Poétique , & qu'il le feroit de reprocher à Horace d'avoir rappellé dans la fienne , la groffiereté des Spectacles dans leur naiffance , en parlant d'Efchines qui établiffoit fon Théâtre fur des trétaux, & de Thefpis qui promenoit fes Ac- teurs dans un tombereau.

Ne voulant omettre aucun de ceux qui de nos jours amufent le peuple, & cherchant, tout plats , tout mauvais, tout orduriers que foient quelques-uns (puifqu'apparemment la néceffité, vu la multitude d'idiots , exige encore de les tolérer,) à y apporter la réforme de tout ce qui bleffe la raifon & les mœurs, je me fuis expofé au dégoût, à l'ennui, au défagrément & à la ré- pugnance que dévoient me caufer ces Farces. J'ai remarqué qu'il y en a quel- quefois de fi boufflones, de fi libres, foit en paroles , foit en actions, que l'honnêteté publique & la décence, loix

B

essentielles à un état, y sont violées,
par un cynisme qui éloigne infini-
ment la populace de la civilisation que
j'ai en vue.

Il seroit donc à propos, tout Spectacle étant une leçon pour ceux qui y
assistent, qu'on reprît, qu'on châtiât
ceux qui oseroient en donner de ce
genre. C'est à quoi veille avec la plus
grande attention, le sage & le zélé
Magistrat, à qui Paris est redevable
de sa sûreté, de sa tranquilité, de ses
avantages, de ses embélissemens, de
ses agrémens, de ses plaisirs ; aussi
voyons-nous de jour en jour disparoî-
tre ces infâmes bouffoneries.

Il n'est point de Spectacle, qui ne
fasse impression sur ses Spectateurs ;
bannir donc de ceux qui amusent le
peuple, toute saleté, toute ordure,
toute grossiereté, c'est servir les mœurs.
Condamner, interdire ceux qui peuvent le corrompre ; seconder, favoriser
ceux qui tendent à le tirer de la barbarie, de la brutalité, de la débauche,
c'est le moyen de le dégrossir, de l'hu-
maniser, de le civiliser. Tout ce qui
se dit ou se fait dans ces amusemens, passe en jeux, en plaisante-

ries , en chanfons , en bons mots , en proverbes ; ainfi les Parades, les Farces, les Marionnettes , les plus bas Spetta-cles ne font pas indifférens à une bon-ne police , puifque fuivant ce qu'ils font , ils peuvent jetter des femences de vices ou de vertus , effet important au bonheur des peuples.

Les Spectacles des Boulevarts ont un agrément , c'eft qu'avant d'y en-trer, ou en fortant , on peut jouir de la promenade , plaifir auffi agréable que falutaire. Je ne dirai rien de ceux où l'on ne voit que de mauffades & groffieres Farces , des Jeux ou des tours de Gobelets ; je les confonds avec les Parades & les Marionnettes.

Je vais donc entrer chez Nicolet : le lieu de fon Spectacle , vafte pour celui d'un particulier , offre une forme de décoration affez honnête. Quelques-unes des pieces qu'on y joue font affez paffables , & affez relevées au-deffus du langage & de l'ufage vulgaire pour réformer quelques ridicules , & quel-ques vices. Ses Danfeurs de cordes , fes Sauteurs y font des tours d'adreffe , d'équilibre & de force , qui méritent quelque attention , & qui en mérite-

B ij

roient davantage , si on pouvoit les
diriger vers quelque utilité publique;
mais je ne dissimulerai pas qu'il s'y
passe encore quelquefois des indécen-
ces. Une danse entr'autres d'hommes
déguisés en femmes, qui faisoient des
roulades & des culbutes , a fort dé-
plu à des Spectateurs urbanisés.

De chez lui passant chez Oudinot,
ses petites Comédies ont un sel, un pi-
quant qui charme; il est encore rele-
vé par la jeunesse des Acteurs, l'ai-
sance & la naïveté de leur jeu; ses
pieces mêmes sont ordinairement su-
périeures à celles de Nicolet. Ses Pantomimes ont aussi plus de finesse &
de plaisant, quoique celui-ci l'emporte
sur les machines. Mais malgré tout ,
je regarde toute Pantomime, comme
un Jeu imparfait, tant que nous n'au-
rons point attaché à certains gestes
précis des idées précises. Il est des
passions qui emploient des gestes communs ou ressemblans , comme par
exemple, le mépris, la haine, l'aver-
sion , la colere, le dépit, le désés-
poir : ceux dont peuvent se servir l'es-
pérance, la joie , l'amitié, la recon-
noissance, l'amour, ont aussi entr'eux

beaucoup d'affinité & de reſſemblan-
ce. Il en eſt même de communs à des
paſſions oppoſées : la vengeance, la
bienfaiſance ſatisfaites, exprimeront
par les mêmes ſignes leur contente-
ment. L'eſprit du Spectateur erre donc
au gré de ſon imagination, qui de
moment à autre, a la mortification de
reconnoître ſon erreur, en voyant
quelle eſt entrée dans des penſées ſouvent toutes différentes de celles quelle
croyoit deviner (1).

(1) On a cru remédier à ce défaut de fixa-
tion d'idées, dans la Pantomine qu'on a repré-
ſentée au Coliſée des deux Actes de Pandore
& de Prométhée, en donnant un programme
qui prévenoit les Spectateurs des actions qui
devoient ſe paſſer. Mais cela ne ſuffira jamais,
parce qu'on ne peut entrer dans le détail des
geſtes, des mouvemens & des changemens de
l'Acteur, qu'il ne peut lui-même combiner
ni déterminer. On ſait bien qu'un excellent
Pantomime doit pour ainſi dire être ſi bien
maître de ſes paſſions, qu'il puiſſe, à volonté,
les rendre viſibles, & donner à lire ſur ſon
viſage les affections de ſon ame. Mais qu'eſt-
ce qui peut mieux indiquer toutes les nuan-
ces des couleurs qui s'y peignent, & marquer
leur analogie avec ſa ſituation, que la parole,
qui ſera toujours la plus facile, la plus prompte,

Je trouve encore un avantage dans
le Spectacle d'Oudinot; c'est qu'il est
comme un champ, où l'on peut cul-

la plus senfible & la plus naturelle expreffion
de nos fentimens ?

Et quand on viendroit à bout de tout cela,
quand le Pantomime nous feroit entrer dans
toutes fes penfées & fes affections auffi clai-
rement que le feroit un Acteur parlant, loin
de gagner quelque chofe à ce jeu, nous ne
pouvons toujours que perdre, puifque la voix
& fes différentes inflexions doublent notre
fenfation & par conféquent notre plaifir.

Cette obfervation fur les Pantomimes feroit
imparfaite, fi je ne faifois remarquer que
ce genre de Spectacle, néceffairement équivoque & imparfait, le devient encore bien
davantage en fe préfentant de loin, parce
que les mouvemens variés, prompts, peu
marqués; les changemens rapides, fubits,
légers ne font plus fenfibles, & que les uns
& les autres, en toute circonftance, reçoivent
une altération inévitable. C'eft donc un Spectacle impoffible que des Pantomimes repré-
fentées dans le lointain, quelque analogue
que foit la mufique : elle peut, je l'avoue,
par fon fecours, feconder ce Spectacle; mais
toute expreffive qu'elle foit, fes tons ne font
pas encore affez déterminés pour fixer, parti-
cularifer, fingularifer les idées.

D'ailleurs, je crois que le Spectacle qui
flattera le plus, fera celui qui frappera plus

tiver une pépiniere d'Acteurs, qui, formés dès la plus tendre jeuneffe au jeu Théâtral, pafferont delà, felon

de fens. « Tous nos fens, dit l'ingénieux
» Auteur du Livre *de l'Efprit*, font autant
» de portes par lefquelles les impreffions
» agréables peuvent entrer dans nos ames :
» plus on en ouvre à la fois, plus il y pénè-
» tre de plaifir». Donc toutes les fois qu'un Spectacle en fera fufceptible, on doit y ad- mettre tout ce qui peut augmenter la fenfa- tion, l'illufion, le raviffement : c'eft par-là que l'Opéra l'emporte fur les autres Specta- cles ; & c'eft pour cela que les Anciens fai- foient accompagner leurs Acteurs, & mêloient des Chœurs dans leurs Tragédies mêmes, comme nous l'apprend Horace.

Qu'on ne croie pas que je blâme ici ces momens de filence où les Acteurs, par leurs mouvemens, peignent leur fituation, & ce qui fe paffe au-dedans d'eux-mêmes : il y a des circonftances où le filence eft plus élo- quent que la parole, parce qu'il eft dans la nature ; mais ce que je critique, c'eft un Spec- tacle entiérement muet ; & c'eft, felon moi, une chofe abfurde, parce qu'il n'y en a point qui n'exige des expofitions, des récits, des détails de réflexions, que le Pantomine, qui eft privé de la parole, ne peut abfolument rendre, comme l'obferve judicieufement M. Riccoboni, dans fon *Art du Théâtre*, pag. 83. Si l'on vouloit rendre ce Jeu tolérable, il

B iv

leurs talens, les uns chez les Italiens, les autres aux François & d'autres à l'Opéra ; mais, néanmoins, je ne lui ferai pas plus de grace qu'à son confrere, & lui reprocherai d'avoir vu chez lui des métamorphoses ridicules, désagréables, & même révoltantes. Un homme sous la figure d'un singe, d'un chat botté, ayant une queue énorme, qu'il faisoit indécemment jouer, ou sous la peau d'un ours, qu'on fait danser, ou sous la forme d'un âne qui fait des ruades, toutes ces métamorphoses déplaisent & peuvent être dangereuses pour les femmes.

Me voici enfin arrivé à un Spectacle honoré de l'approbation du Souverain, capable de réjouir les Spectateurs & de les corriger ; en un mot, d'atteindre le but qu'il se propose ; *Ridendo castigat mores* (1). Mais hé-

faudroit permettre d'y parler selon la nécessité ; ce qui, je crois, étoit d'usage chez les Anciens, puisque les Pantomimes assaisonnoient leur Jeu de quelques graves sentences, selon ce que j'ai lu dans Boulanger. (*Thes. antiq. Rom. de Theat. Lib. I*, p. 893, *Tom. IX*).

(1) C'est la vraie & l'excellente devise que

las! que j'en trouve le Théâtre petit,
mesquin, resserré pour une Ville aussi
riche & aussi peuplée que cette Capitale. Encore, dans ce lieu si étroit, je
ne sçais comment nous avons fait,
moitié des Spectateurs perdent presque la piece faute de l'entendre. Que
seroit-ce, me dira-t-on, si l'endroit
étoit plus grand, plus étendu ; s'il étoit
aussi vaste que vous le desirez? J'avoue
que dans la disposition de nos Spectacles on n'entendroit rien. Mais comment donc étoient construits ceux des
Anciens, qui contenoient à l'aise jusqu'à soixante & quatre - vingt mille
Spectateurs, qui voyoient & enten-
doient parfaitement ; la chose vaut
bien la peine d'être examinée & imi-
tée. Supérieurs aux Grecs & aux Romains, par le développement des Arts,
que l'expérience porte tous les jours
à un nouveau degré de perfection, n'y
aura-t-il que pour les édifices des Spec-
cles, partie au contraire où ils se dis-
tinguerent, que nous resterons dans
l'ignorance & la barbarie (1) ?

donna Santeuil à Arlequin, & qui se lit sur
la toile du Théâtre Italien.
(1) Ces édifices magnifiques que faisoient

C'eſt bien dommage que celui-ci,
qui aſſurément par ſa Muſique, par
ſon jeu, ſes décorations, le ſel des

les Anciens pour donner des Spectacles au
Peuple, comprenoient, ſous le nom de Théâtre, non-ſeulement le lieu élevé où l'Acteur
paroît & où ſe paſſe l'action, mais auſſi toute
l'enceinte du lieu commun aux Acteurs &
aux Spectateurs. C'étoit un édifice entouré
de portiques, & garni de ſieges de pierre,
diſpoſés en demi-cercle & par degré, qui
environnoient le *proſcenium* ou *pulpitum* ſur
lequel jouoient les Acteurs : c'eſt proprement
ce que nous appellons le Théâtre. La Scène
étoit une façade décorée de trois ordres d'architecture, par laquelle le *proſcenium* étoit
ſéparé du *poſtcenium*, qui étoit ce que nous
appellons le derriere du Théâtre où les Acteurs s'habilloient : ainſi la Scène comprenoit
généralement tout ce qui appartenoit aux
Acteurs. Dans les Théâtres Grecs, l'orcheſtre
faiſoit une partie de la Scène ; mais aux Théâtres Romains, aucun des Acteurs ne deſcen-
doit dans l'orcheſtre qui étoit occupé par les
ſieges des Sénateurs.

Les Théâtres des Grecs étoient ſi vaſtes,
que les Spectateurs étoient toujours éloignés
de la Scène : les plus proches étoient ſéparés
de toute l'étendue de l'orcheſtre, ce qui faiſoit
plus de cent pieds, & quelques places étoient
à plus de deux cens pieds des Acteurs.

Pompée fit bâtir un Théâtre ſur des fon-

pieces qu'on y donne , le talent des Acteurs eft très-amufant , très-diver-tiffant , ne foit pas plus fpacieux ! je

demens fi folides , qu'il fembloit être bâti pour l'éternité : il y avoit une efpece d'aque-duc pour porter l'eau dans tous les rangs du Théâtre , foit pour rafraîchir le lieu ou pour remédier à la foif des Spectateurs. Le dia-mètre de ce Théâtre étoit de cent quatre-vingt-quatre pieds Romains, la longueur du Théâtre entier ou le dianiètre de l'hémicycle qui la formoit, avoit quatre cens dix-fept pieds. Vis-à-vis le milieu de la Scène étoit le vefti-bule où fe trouvoit la grande porte : à droite & à gauche étoient les appartemens qu'on appelloit *Hofpitalia*, deftinés pour les Etran-gers. Malgré cette étendue de Théâtre , on ne perdoit pas un mot. Il y avoit, au rap-port de Vitruve , des vafes d'airain , placés par une proportion muficale , enforte que la voix qui venoit de la Scène étoit rendue plus forte & plus claire.

On jugera par ce qui fuit, de la paffion des Anciens pour les embélliffemens des Specta-cles : Marcus Scaurus , dit Solin , entreprit de faire bâtir un Théâtre d'une dépenfe im-menfe , enrichi d'ornemens extraordinaires ; il avoit trois cens foixante colomnes en trois rangs les uns fur les autres , dont le premier étoit de marbre , le fecond de criftal , & le troifieme de colomnes dorées : entre les colom-nes il y avoit trois mille ftatues d'airain.

m'en plains, j'en gémis, j'en murmure, & dans mon mécontentement
je me propofe d'aller à la fcène Fran-
çoife : un Spectacle, me dis-je, l'orne-
ment, l'honneur & la gloire de la
Nation, le fien propre ; réunira, fans
doute, tous les agrémens & toutes
les commodités poffibles.

Dès le lendemain j'y vais, j'y entre dans cette flatteufe idée : mais
quelle eft ma furprife d'y voir même
forme de bâtiment, de Théâtre, de
Loges ; un peu plus d'étendue ; mais
toujours fi peu proportionnée à l'ai-
fance des Spectateurs & à la nobleffe
du Spectacle, qu'il n'y a que les

Les changemens de décorations, les gloi-
res, & tout ce qu'étalent de plus merveilleux
les Théâtres de l'Europe, étoit employé par
les Anciens avec plus de dépenfe & de grandeur. Les frais des Pieces à Athènes fe faifoient ordinairement aux dépens de l'Etat,
& fouvent on y dépenfoit plus en divertiffemens de cette forte, que pour foutenir les
guerres les plus confidérables. A Rome, la
plus grande partie des Spectacles fe donnoit
aux frais des Magiftrats, qui fe procuroient
par ce moyen les bonnes graces du Peuple.
Chez nous, je ne crois pas qu'il y ait un Spectacle qui foit franc quatre fois l'année.

chefs-d'œuvre du génie national & le
mérite supérieur de ceux qui les ren-
dent, qui puiſſent y retenir pendant la
repréſentation, dans la contrainte, la
gêne & le défaut d'air où vous vous
trouvez !

Le Speĉtacle fini, je ſors tout hors
d'haleine, & au riſque d'une pleuré-
ſie, je cours promptement reſpirer
un air vif & frais, qui me remette
de la pamoiſon où je ſuis prêt de
tomber : dans mon dépit je jure de
ne me plus trouver aux Speĉtacles ;
mais cependant l'Opéra, que je n'ai
point vû, & dont je me forme la plus
belle idée malgré la critique de J. J.
diſſipe mon horreur & excite mon
deſir.

D'ailleurs, me dis-je, il n'y a que
quelques années que la Salle de ce
Speĉtacle eſt bâtie : ſans doute après tant
d'expériences, de tant d'inconvéniens
eſſuyés dans les Speĉtacles, on y aura
paré par la conſtruĉtion nouvelle :
on aura pris un vaſte emplacement,
expoſé en bel air, où le peuple puiſſe
ſe promener avant que d'entrer ou en
ſortant. Cet édifice offrira pour ſes
entrées pluſieurs vaſtes & ſuperbes

veftibules, de longues & larges galeries, des portiques bien ouverts &
bien dégagés, où feront pratiqués des
fieges commodes. Tout autour on trouvera des efcaliers bien éclairés, de
grandes portes & en affez grande quan-
tité, pour permettre à la foule une
entrée & une fortie facile. Telle eft
fans doute la nouvelle Salle de l'Opéra ; & peut-être aura-t-on beaucoup
enchéri fur mes foibles idées. Dans un
fiecle, où nous ne le cédons pour le génie, ni aux Romains, ni aux Grecs ;
où nous l'emportons fur eux dans les
Sciences & les Arts ; je m'attends à
voir un chef-d'œuvre qui furpaffe toutes leurs merveilles.

Dans cet efpoir, j'y vas ; chofe
étrange & inattendue! je ne vois point
de portes qui annoncent ce bâtiment;
je ne trouve, pour y entrer, que des
efcaliers étroits, ténébreux. Dans l'obfcurité (1), j'y attends avec impatien-

(1) Elle eft telle, que je fuis extrêmement
furpris qu'au paradis il n'arrive pas fréquemment d'accidens aux Etrangers qui ne con-
noiffant pas le local, pourroient dans cette
obfcurité prendre le bord qui le ferme pour
une banquette, l'enjamber, & tomber dans

ce, comme dans les autres Spectacles,
le moment de la piece ; ou plutôt de
l'illumination, fans pouvoir juger de
la place occupée par les Spectateurs,
& de celle où doivent paroître les
Acteurs. Les lumieres allumées, la
toile levée, je vois toute la même difpofition qu'aux autres ; une Salle à la
vérité plus grande , un Théâtre plus
ouvert ; mais la Salle toujours infuf-
fifante à la multitude des Spectateurs,
& ne pouvant non-feulement contenir tous ceux qui fe préfentent, puifque bien des perfonnes, faute de place, fe font rendre leur argent ; mais
tenant ceux qui reftent, fi en preffe,
& dans un air fi échauffé, qu'en plein
hiver on s'y pâme. Cependant, obfer-
vons, que lors même que ce lieu eft
rempli, il y a tout au plus fix mille
cinq cens perfonnes. Eft-ce là un emplacement digne d'un fi beau Spectacle, & peut-il fuffire à une Ville où il
y a près d'un million d'habitans.

J'avoue que la gêne où l'on s'y trouve eft bien compenfée par la raviffe-

l'Amphithéâtre, chûte capable de caufer la
mort à celui qui la feroit & à ceux fur qui
il tomberoit.

ment du Spectacle, supérieur à tous
les autres, en ce qu'il réunit avec plus
d'éclat, de pompe & de majesté tous
leurs charmes ; musique instrumenta-
le, vocale, Acteurs, Actrices, représentations, décorations, machines,
tout y est sublime & ravissant ! faut-il
y essuyer tous les inconvéniens des autres Théâtres, & acheter le plaisir par
la peine !

Après cette revue générale de nos
Spectacles, nous ne disconviendrons
pas, qu'avec tant de défauts, d'incom-
modités & d'inconvéniens, ils ne tendent en partie au but que nous nous
proposons. Chacun a son mérite, la
Comédie Italienne nous réjouit en ré-
formant nos vices & nos ridicules ; la
Françoise nous inspire les plus nobles
sentimens, en charmant nos cœurs ;
l'Opéra, en nous enlevant, produit
le même effet. Tous ces Spectacles, je
l'avoue, sont ravissans, enchanteurs,
divins ; mais c'est dans le moment
même de leur représentation, qui ne
durant que deux heures & demie, ne
peut, soit jour de Fête ou autre, amu-
ser le peuple tout un après-diner. Mais
quel désagrément pour un tiers au
moins

moins des Spectateurs d'y être debout!
quel ennui d'avoir à attendre dans un
endroit obscur & fermé de tout côté!
quel supplice, au moment du Spectacle, & pendant tout le tems qu'il
dure, d'y être en presse, de maniere à
craindre d'être étouffé, sur-tout au parterre, & par tout, en toute saison, d'y
manquer, par la chaleur, de respira-
tion! car j'ai vû, dans les jours les
plus froids de l'hiver, emporter des
personnes qui s'y sont trouvées mal,
jusqu'à pâlir, perdre connoissance &
courir risque de la vie. Que d'accidens, que de morts, s'il arrivoit le
malheur qu'on a depuis peu éprouvé à
Amsterdam (1), il n'y auroit tout au

(1) (Gazette de France). *D'Amsterdam,
le 14 Mai 1772.*
Il vient d'arriver dans cette Ville un accident affreux. La Troupe Flamande jouoit
Lundi dernier dans la Salle de la Comédie
la *Fille mal gardée* & le *Déserteur* : un quart-
d'heure avant la fin de la seconde Piece, le
feu prit à une ficelle, tombée perpendicu-
lairement de la coulisse à droite sur un lam-
pion : cette flamme légere monta rapidement
dans le centre où la ficelle aboutissoit, & em-
brâsa dans le moment les toiles & toute la
partie supérieure du Théâtre. Malheureuse-

C

plus que les perſonnes des loges qui
pourroient ſe ſauver , mais celles du

ment les cordes qui ſoutenoient les cinq luſtres de l'avant-Scène furent d'abord brûlées ,
& les luſtres tombant laiſſerent la Salle dans
une obſcurité affreuſe. On ne fut bientôt
éclairé que par l'incendie qui devint général ,
& dans le déſordre qu'un pareil événement
devoit produire , la plupart des Spectateurs
furent étouffés. La frayeur & le déſeſpoir for-
çoient les femmes à ſe jetter du haut des
Loges dans le back (parterre) où l'on étoit
écraſé par la chûte des décombres embraſés.
Pour comble de malheur une des portes ſe
trouva fermée. Il fut impoſſible de l'ouvrir ,
& dans cet effroi général on ne penſa pas à
la briſer par-dehors. On ne ſait pas encore
le nombre des infortunés qui ont péri dans
les flammes , mais il eſt conſidérable. On a
déja retiré douze cadavres que l'on n'a pu
reconnoître que par des matieres incombuſ-
tibles qu'ils avoient ſur eux , comme clefs ,
bagues , & autres choſes ſemblables. Ceux
qui ont échappé à cet horrible danger n'en
parlent qu'avec le ſaiſiſſement & la frayeur
profonde dont ils ſont encore pénétrés &
qu'ils inſpirent aux autres. La conſternation
eſt répandue dans toute la Ville , où l'on ne
rencontre que des perſonnes égarées , qui de-
mandent, en larmes, leurs parens & leurs amis.

Dans la Gazette ſuivante , on fait monter
le nombre des morts à deux cens perſonnes.

parterre, de l'amphithéâtre, du paradis, périroient faute d'iſſues ; parce qu'il
n'y a point aſſez de portes, & qu'elles
ſont ſi étroites qu'on y peut paſſer à
peine à deux.

Nos Spectacles ſont donc, à les con-
ſidérer de près, bien incommodes, ex-
poſés à de fréquens & dangereux inconvéniens, ne pouvant, par la place
& la forme de leurs bâtimens, permettre l'aſſemblée à un peuple innombrable, & par conféquent ſe prêter
au point de vue de la plus parfaite
civiliſation, qui eſt l'objet de ces Ob-
ſervations Ce n'eſt pas qu'on veuille
en détruitre aucun, ou en élever un
ſeul ſur la ruine des autres ; au contraire, on déſireroit plutôt de les mul-
tiplier, afin que leur nombre & leur
variété partageant les Spectateurs, les
mît dans chacun plus à l'aiſe : car pour
un léger bénéfice, pour deux cents
francs de plus, peut-être, qu'on perçoit
à la Comédie ou à l'Opéra pour cent
perſonnes, qui mettent toutes les autres dans la preſſe & dans la gêne,
on prive d'une agréable jouiſſance
deux tiers de Spectateurs. Ne vau-
droit-il pas mieux faire à chaque re-

préfentation ce léger facrifice, & laif-
fer fans fouffrance goûter aux curieux
tous les charmes du Spectacle. La di-
verfion qu'un nouveau occafionneroit,
ne peut donc que foulager les autres,
loin de leur nuire. De plus, quant à
celui qu'on a en vue, comme il ne fe
donneroit que les Fêtes, & un jour
de la femaine où les autres relâchent,
on voit, pour peu qu'on faffe atten-
tention à la diverfité des goûts, qu'il
ne leur feroit aucun tort, puifqu'ils
ne font toujours que trop pleins pour
la falubrité du lieu, & la commodité
des Spectateurs.

Je fuppofe, par exemple, fur huit
cens mille habitans, que quatre cens
mille veulent fe récréer un jour de
Fête; la fuppofition eft probable : que
j'en place cinquante mille dans les
différens Spectacles, je fuis perfuadé
que tous feront remplis : deux cens
cinquante mille à la promenade ou
dans les guinguettes, il en refte encore cent mille qu'il faut amufer ; ce
fimple calcul n'eft-il pas une démonf-
tration, que nous n'avons pas affez
de Spectacles, & que quand il y
en auroit en outre un, qui contien-

droit lui feul plus de monde que tous
les autres enfemble, il feroit encore
trop borné & infuffifant pour le but
qu'on fe propofe. Il faut un lieu dont
la fituation, l'emplacement, l'édifice
foient commodes à la plus nombreufe
affemblée, & où l'on offre au peuple
une fi grande variété de divertiffemens; que le plus fimple, jufqu'au
plus favant; le plus petit, jufqu'au
plus grand, puiffe s'y amufer.

La civilifation des peuples ne peut
venir que de la fréquente entrevue des
habitans de chaque Ville entre eux,
& ceux des Villes voifines; &, autant qu'il eft poffible, de la réunion
des habitans du Royaume; delà fe
forment les connoiffances, les liaifons,
les amitiés, les alliances, les commer-
ces. Un Etat ne femble plus alors
qu'une même famille. Il faudroit donc
auprès de la Capitale, qui doit être
placée au centre du Royaume, un lieu
propre à ce concours immenfe. C'eft,
j'ofe l'affurer, & j'en ai pour garant
l'expérience des Nations les plus po-
licées & les plus célebres, les Athé-
niens & les Romains, le moyen le

plus puissant pour parvenir à la civilisation générale.

Ce n'est pas que je prétende con-
sommer l'Etat en frais pour son amu-
sement (1). Ces assemblées nationales
ne se tiendroient que quatre fois l'an.
Une à la fête de notre bon Prince (2),
une à celle de la fortune de la France (3);

(1) Il seroit aisé de faire voir que toute
dépense publique dans un Etat, de quelque
part qu'elle vienne, ne peut être nuisible.
Car, soit qu'elle parte du Souverain ou des
Sujets, ce n'est qu'une circulation de l'argent
qui reste toujours dans le Royaume ; mais si
l'on veut faire attention au grand nombre
d'Etrangers que de pareilles fêtes attireroient,
& par-conséquent aux especes qu'ils laisse-
roient, on sentiroit bientôt que ces Spectacles auroient la perfection de réunir l'honnête, l'utile, & l'agréable.

(2) Quel est le François qui ne seroit plus
jaloux de célébrer la fête de son Roi, que ne
l'étoient les Romains de célébrer celles de
leurs Empereurs, avec quelque empressement
& quelque magnificence qu'ils leur aient
rendu ces honneurs. (Voyez *Bucchardi Got-
thelfi. Antiq. Rom. Syntagma. p.* 441. *Festa
Imperatorum.*

(3) Cette Fête seroit comme une action
de grace à la Divinité, des faveurs qu'elle
accorde à ce Royaume, & un vœu du Peuple

les deux autres à des évènemens heureux, tels que la paix, des victoires,
des alliances, des mariages, d'abon-
dantes récoltes (1); mais comme une
infinité de Provinciaux font obligés,
par leur commerce, à faire de fréquens féjours dans la capitale, affif-
tant à un Spectacle, où ils verroient
des citoyens très-policés par leur nombreufe & fréquente réunion, ils rece-
vroient quelque touche, quelque tein-
ture d'urbanité, qui influeroit fur la
province, y infpireroit le goût des

pour en obtenir la continuation : *Fortunæ
publicæ (apud Romanos) Feſtum erat VIII Kal.
Junii, ob Templum codie dicatum de quo Ovi-
dius :*

Nec te prætereo Populi fortuna potentis
Publica cui Templum luce fequente datum eſt.
(Ibid. p. 426).

(1) *Florales Ludi IV Kal. Maii inſtituti fuere
anno U. C. IƆXVI ex Oraculis Sybilæ, ut omnia bene de florefcerent :*

Convenere Patres & ſi bene floreat annus
Numinibus noſtris annua Feſta vovent.
(Ovid. Lib. V. Faſt.)

(Roſini Antiquit. Rom. Lib. V, p. 253).

C iv

Spectacles, où les Citoyens d'une ville, ou même de plusieurs qui seroient voisins se réuniroient ; acheminement favorable à la civilisation parfaite du Royaume, qu'acheveroient les assemblées générales.

Que n'est-il donc près de la capitale un vaste emplacement où l'on bâtisse un édifice, tels qu'en éleverent autrefois les Grecs & les Romains, où se rassembloit une foule innombrable de citoyens, de provinciaux, d'étrangers qui se trouvoient à Rome, & de tems en tems des habitans de toutes les parties de l'empire, & même des contrées au-delà de ses bornes (1). Mais

(1) Tel étoit le Cirque qui avoit deux mille cinq cens quatre-vingt pieds de longueur, sur neuf cens soixante de largeur, qui pouvoit contenir deux cens mille personnes, & autour duquel régnoit un canal d'eau de la largeur de dix pieds.

Tels étoient encore les Amphithéâtres, édifices à trois ou quatre ordres d'architecture, d'une magnificence incroyable, la plupart revêtus de marbre, & d'une étendue si vaste, qu'il y en avoit qui pouvoient contenir plus de quatre-vingt mille Spectateurs. Un canal régnoit tout au-tour pour garantir les Spectateurs des animaux.

où trouver cet admirable édifice, si vaste, si bien diftribué, si heureufement fitué, qu'il fe prête, tant à l'ex-

La hauteur des degrés deftinés à s'affeoir étoit d'un pied deux ou trois pouces, & la largeur d'un pied & demi, afin que l'on pût entrer & fortir fans incommoder perfonne, & fur-tout afin que les pieds de ceux qui étoient affis ne touchaffent point ceux qui étoient au-deffous.

Ces degrés hauts & larges étoient coupés de diftance en diftance par des efcaliers qui alloient du haut en bas, où defcendoient ceux qui alloient fe placer. Il y avoit encore d'efpace en efpace des ceintures de pierre, nommées *pracinctiones*, c'eft-à-dire, des degrés plus élevés & plus larges que tous les autres, mais qui leur étoient parallèles, & qui divifoient les fieges les plus hauts des plus bas, afin de faciliter le paffage à la foule des Spectateurs qui arrivoient pour prendre place.

Il y avoit aux deux extrémités de chaque efcalier, de larges ouvertures ou portes, appellées *Vomitoria*, parce que ces portes fembloient vomir la foule qui entroit au Spectacle. On arrivoit à ces portes par des galeries couvertes, qui régnoient fous les degrés tout-au-tour de l'Amphithéâtre. Quelquefois, pendant le Spectacle, on tendoit une banne fur l'Amphithéâtre, pour garantir les Spectateurs des ardeurs du Soleil & des injures du tems : mais ordinairement on y étoit expofé

térieur qu'à l'intérieur à la plus grande
variété des jeux , qui peuvent amuſer
un peuple immenſe.

J'étois dans ces idées, qu'on traitera,
ſi l'on veut de rêveries, dans un tems
ſur-tout où toute vue patriotique, paſſe
pour une chimere ; lorſqu'un de mes
amis entra chez moi. Eh ! bien , me
dit-il , que ferez-vous cet après-midi?
de quoi voulez-vous vous amuſer? Il
n'eſt que quatre heures, lui répondis-
je, il eſt trop-tôt pour aller au Spectacle. Faiſons une promenade, & ſur
les ſix heures nous y viendrons , au

au Soleil ; alors les Spectateurs ſe couvroient
la tête d'un pan de leur robe , ou ils por-
toient des bonnets, ou des eſpeces de cha-
peaux , des *petaſes* ou des *pilei*, ou des para-
ſols, ſi l'on doit expliquer le mot d'*umbella*
par celui de *paraſol*, & ſi l'*umbella* ne ſe por-
toit pas ſur la tête. Dans la ſuite on tendit
des voiles. Il y eut même des tentes d'Amphithéâtre de ſoie , & d'autres de pourpres
brochées en or.

Sous quelques Empereurs on porta la déli-
cateſſe & le luxe , juſqu'à pratiquer dans le
corps des ſtatues , qui faiſoient le couronne-
ment du troiſieme portique, des petits canaux
ſans nombre , d'où tomboit une roſée d'eaux
parfumées ſur les Spectateurs.

rifque d'en fortir fi nous y fommes trop en preffe. Eh bien foit, reprit-il, allons aux Thuileries. C'eft toujours pour moi un nouveau fujet d'admiration, que la fuperbe façade de ce palais majeftueux & fon parterre enchanteur. Nous refpirerons à notre gré le frais, en entrant fous les allées qui y forment des couverts champêtrement ombragés. Nous y reftâmes une demi-heure, & voyant le foleil couvert de nuages, nous paffâmes dans la magnifique Place du Prince régnant & chéri de la nation, à qui l'amour a dreffé dans les cœurs des monumens plus durables que le bronze. J'en confidérai l'étendue, & le fite heureux de la ftatue en face de la grande allée, les baluftrades, les pavillons, les colonnades à droite de la Seine, auxquelles répondent celles du palais Bourbon, & la vue raviffante de tout ce qui environne cette place de près ou de loin.

Nous entrâmes enfuite dans les *Champs Elifées*, promenade digne par tous fes agrémens de ce nom charmant. Nous prîmes l'allée qui borde les jardins raviffans des grands hôtels de la

rue S. Honoré. Je fus enchanté de
leur variété , de leur beauté , lorfque
regrettant de ne pouvoir y entrer , je
me trouvai prefque fans m'en apper-
cevoir dans celui des Ambaffadeurs
étrangers , qui quoique public eft cul-
tivé & confervé avec tout le foin poffible. C'eft vraiment, dis-je, à mon
compagnon, c'eft vraiment l'*Elifée* que
cette promenade par tous les charmes
qui l'embéliffent, l'affluence du peuple que je vois s'y rendre & quelle peut
contenir.

En difant ces mots, j'apperçois un
bâtiment d'une ftruâure extraordinai-
re. Qu'eft-ce que cet édifice, deman-
dais-je ? il me paroît fingulier, mais
beau, vafte & majeftueux. Seroit-ce
le palais de quelque Grand ? Point du
tout, me répondit-il, c'eft le *Colifée*,
nom qui fans doute lui a été donné,
parce qu'il eft près & à côté de cette
promenade qu'on appelle l'*Elifée* ou *les
Champs Elifées.* Votre étymologie,
repris-je, me paroît très-probable &
très-ingénieufe ; mais je crois tenir la
vraie. L'Empereur Vefpafien fit bâtir
à Rome un amphichéatre magnifique
dans le lieu où étoit l'étang de la mai-

fon dorée de Néron. On y voyoit des ftatues qui repréfentoient toutes les provinces de l'empire, au milieu def-quelles étoit celle Rome, qui tenoit une pome d'or. Il fut nommé *Colifée Colifæum* ou *Coloffæum*, par une rai-fon femblable à celle que vous venez de donner, parce qu'il étoit proche du Coloffe qu'on avoit dédié à Néron. Cet amphithéâtre étoit ovale & d'une ftructure furprenante: il contenoit près de cent mille fpectateurs affis à l'aife autour de l'arêne, c'eft-à-dire, du lieu où on lâchoit les bêtes. On a appellé auffi Colifée, un autre amphithéâtre de l'Empereur Sévere. On faifoit dans ces fuperbes Colifées des jeux, des combats d'hommes & de bêtes farou-ches. Il y en a encore à Argos & à Corinthe de femblables.

Pardonnez, dit mon compagnon, à mon ignorance de l'Hiftoire ancien-ne, l'étymologie que j'ai hafardée, je reconnois tout le vrai de la vôtre: & moi, lui dis-je, toute la vraifem-blance de celle que vous aviez imagi-née. Effectivement pourfuivit-il, cet édifice fe trouvant au bout de cette promenade, & conftruit de maniere

à se prêter à tous les divertissemens
possibles, je le regardois comme une
espece de *Pantheon* consacré aux plaisirs. Vous avez raison, ajoutai-je ; si
le dedans répond au dehors, il me
semble destiné à cette fin par l'habile
Architecte qui en a dressé & exécuté
le plan. Sans y être entré, dit-il, vous
avez deviné presque ce qu'il en est,
en vous rappellant l'idée de l'Amphithéatre de Vespasien, car vous y trouverez un Cirque & une belle piece
d'eau.

Mais avant que d'y entrer, il vous
faut traverser cette cour environnée
d'un portique, à laquelle répondent
quatre autres, deux de chaque côté,
toutes quatre ainsi que la premiere,
la façade & le portique, embellis comme vous le voyez d'un treillage, d'un
goût & d'un dessein charmant. Ensuite
vous passez deux vestibules ornés de
colonnades, d'un blanc d'albâtre au
premier, avec de nobles statues figu-
rées sur la muraille, & des plus riches
couleurs de marbre au second, qui
offre à droite & à gauche des bou-
tiques parées des plus précieux bi-
joux ; puis vous trouverez à rez-de-

chauffée deux portiques, l'un décoré de pilaftres & de colonnes fuperbes, entre lefquels font des ftatues de pein- ture plate ; l'autre formant une colon- nade majeftueufe du plus beau mar- bre ; orné encore de bandes, de guirlan- des, de couronnes de fleurs, & au deffous defquelles font fufpendus de grands & de magnifiques luftres. Delà vous defcendez dans une rotonde dont le faîte élevé au-deffus de deux autres portiques, l'un au-deffus de l'autre, forme un vafte dôme ; enfuite traver- fant après les deux portiques qui cei- gnent en bas la rotonde, un veftibule, vous entrez dans le cirque prefque ovale, où fe trouve un large baffin d'eau de même figure.

Ah ! m'écriai-je, fi la chofe eft con- forme à votre peinture, voilà mes vœux remplis ; voilà une édifice pro- pre aux plus grandes fêtes de Paris & même du Royaume : fa pofition fa- vorable, qui le rend le centre du vafte emplacement qu'il décore, fon étendue propre, en facilite l'exécution(1). Nous

(1) Je fais que ce que je regarde comme donnant l'avantage à ce lieu fur ceux des

allons donc enfin atteindre à la gloire
que se sont acquis les peuples les plus
célèbres par leurs Jeux & leurs Spectacles , & par conséquent dans peu à
la plus parfaite civilisation. J'ose même assurer que nous ne tarderons pas
à les surpasser , en consacrant ce su-
perbe édifice à des divertissemens pré-
férables à tous égards aux leurs. Qui
pourroit croire, si on ne le lisoit dans
les Histoires les plus avérées, qu'ils
eussent assisté à des Spectacles aussi
révoltans que ceux des bêtes féroces
entr'elles , des hommes avec ces bêtes, & ceux des Gladiateurs ? Ici on

autres Spectacles , est précisément ce qu'on
blâme. L'éloignement où le Colisée se trouve
de la Ville, est, dit-on, une chose fort
désagréable ; ce bâtiment est trop vaste, on a
peine à s'y rencontrer. Mais un Spectacle,
pour être exposé dans un air pur & sain,
comme l'exige sagement Vitruve, pouvoit-il
être moins qu'à un quart de lieue de la Ville?
Destiné aux assemblées de ses Habitans , de
ceux du Royaume & des Etrangers, pouvoit-il
être au centre d'un moindre emplacement ?
enfin, pouvoit-il avoir moins d'étendue qu'il
en a, pour offrir tant au-dedans qu'au-dehors
tous les divertissemens dont nous ferons le
détail ?

n'admettra

n'admettra que ceux qui exigent du
génie de l'art, de la foupleffe, de
l'adreffe, de la force, de l'émulation.
On en bannira tous ceux qui tiendroient du ridicule ou de la barbarie...

Mais entrons, je fuis impatient de
voir l'intérieur : à peine eus-je mis le
pied dans le premier veftibule, que la
vue, qui dès cette entrée perce en ligne
directe jufqu'à la coquille du cirque,
en paffant à travers cette belle rotonde d'un goût, d'une architecture com-
parable à tout ce que la grandeur &
la magnificence des Romains a jamais
pû offrir en ce genre, me ravit en
extafe ; plus je pénètre, plus mon raviffement redouble ; je m'arrête au milieu, d'où portant à l'entour mes re-
regards, j'admire les entrées nom-
breufes & bien dégagées, la beauté,
la fymétrie, les ornemens, la nobleffe, la majefté de ce fuperbe édifice,
couronné d'un dôme magnifique, fou-
tenu par un nombre de ftatues, qui

(1) On auroit dû après la Fête Chinoife
ôter le Trône, qui fait obftacle à cette charmante perfpective ; & fi on veut le conferver,
on peut le placer à droite ou à gauche ; encore
mafquera-t-il toujours un point de vue.

D

femblent défigner le nombre de nos
provinces & me rappellent celles du
fameux Amphithéatre de Vefpafien,
dont nous avons parlé.

Mon compagnon ne pouvoit m'ar-
racher de ce lieu. Allons, dit-il, puifque ce bâtiment eft de votre goût paf-
fons un moment au cirque, vous en
contemplerez le baffin, le pourtour, le
portique, la colonnade ; vous donne-
rez un coup d'œil au jardin ; puis ren-
trant nous verrons fuccceffivement les
autres pieces de l'édifice, & nous pro-
menerons fur toutes les galeries, tant
celles qui des deux côté forment l'enceinte du cirque, que celles qui régnent
tout autour du bâtiment, & qui offrent
la vue la plus belle, la plus étendue &
la plus raviffante poffible.

Après notre vifite. Je vois, dis-je,
le monde qui commence à s'affembler.
Quels font les amufemens de ce lieu ?
s'il y a un génie inventeur & fécond,
qui les ordonne & y préfide, je ne
doute point qu'ils ne répondent à fa
beauté, puifque lui-même fe prête à
tout. Jufqu'à préfent, me répondit-il,
je n'y ai vu que des danfes d'enfans,
qui effectivement pour leur âge mon-

trent beaucoup de difpofition, & de
talens naturels ; mais elles ne peuvent
flatter quiconque a vû celles des Italiens, des François & fur-tout de
l'Opéra. Ce qui les rend intéreffan-
tes, c'eft la bonne fymphonie qui les
accompagne ; mais vous ferez enchanté de la Mufique militaire que vous en-
tendrez. Les Danfes finies, on préfente une Joûte fur l'eau, que je trouve trop uniforme & trop peu animée ;
foit parce qu'il n'y a jamais que deux
barques qui aillent à la fois, tandis
que plufieurs pourroient combattre
en même-tems, portant chacune un
nombre de Joûteurs au lieu d'un feul
qu'on y voit, ou que fi deux commen-
çoient, les autres pourroient furvenir
pour engager le combat ; foit parce
quelles ne font que fe recontrer, lorf-
quelles devroient chercher à fe prévenir, à fe joindre, à s'attaquer, à s'ap-
procher, à fe fuir, à s'enchaîner, en
un mot à varier de toutes façons l'at-
taque, la manœuvre & le combat.

Après cette Joûte, on tire un feu
d'artifice ordinairement bien deffiné
& bien exécuté ; mais ce Spectacle
trop réïtéré, quelque varié qu'il foit,

D ij

perd de fon agrément par la répé-
tition.

Dernierement on a repréfenté une
fête Chinoife, dont vous eufliez été
fort content pour le coftume & la
pompe. Il eft étonnant jufqu'à quel
point de reffemblance & d'illufion fut
cette repréfentation ! Combien un rien
change les hommes ! cinq à fix longs
poils en forme de crocs, un bonnet en
forme de calotte, une robe ; tout cela
avoit fi bien déguifé nos François,
que vous eufliez cru réellement voir
des Chinois. Le Ballet qu'ils exécute-
rent, ne me parut pas moins confor-
me aux Mœurs, aux ufages, aux
manieres, aux geftes de ce peuple.
On peut dire à la louange du Compo-
fiteur, qu'il n'eut qu'un défaut, c'eft
qu'il dura trop peu ; l'illumination qui
fuivit étoit ravillante.

Depuis on a donné une Pantomime (1), qui par les raifons données
ci-deffus, c'eft-à-dire par le lointain, &
de plus par le mauvais jeu des Acteurs, le défaut des machines, la ridicule imitation de la foudre, n'a pas

(1) Les Titans.

satisfait à la premiere représentation l'attente des connoisseurs. Il faut avouer cependant que l'artifice en général avoit son mérite; que l'Olympe ou le palais de Jupiter fit une agréable sensation, & que dans les représentations suivantes on corrigea bien des défauts, excepté dans les machines qui servoient à faire descendre Mercure & le Vautour, qui ne parurent jamais que d'une maniere maussade, ridicule & désagréable.

Joignez à ce que je viens de vous dire différens Spectacles de Farces, de feux d'artifice historiés, qui se donnerent l'année passée, tels sont à-peu-près les amusemens qu'on a jusqu'à présent offerts dans ce lieu.

Un des principaux agrémens qu'on y goûte, est la liberté qu'on a d'entrer, de sortir, de se placer, de se déplacer, d'aller, de venir à son gré où bon semble ; un autre aussi gracieux pour les Grands qu'il dégage de l'étiquette, que pour les petits qu'il délivre de la contrainte, est l'oubli de la fortune, des dignités, des rangs, des distinctions. Cette égalité charmante nous ramene tous aux délices de l'âge d'or, & donne lieu à

mille procédés d'attentions , d'égards ,
de complaifances , de politeffes des
hommes envers le beau Sexe , & même des uns à l'égard des autres ; procédés d'autant plus agréables & fla-
teurs, qu'ils font plus libres & plus
finceres ; ce qui entre bien dans vos
vues.

Eh bien, repris-je , maintenant que
j'ai vu l'enfemble merveilleux des agrémens, des charmes, des commodités,
des avantages, des embéliffemens de
cet édifice unique , & de tout ce qui
l'environne, je crois qu'il peut devenir ,
comme vous l'avez dit , le *Panthéon*
des plaifirs de Paris , & fon emplacement , le Théatre des Spectacles de la
Nation entiere. Venons au fait.

Les Auteurs reconnoiffent trois for-
tes de Jeux (1) des Anciens , qu'ils

(1) Les Jeux & les Affemblées publiques
ont été en recommandation dans toutes les
Nations , les Juifs les ont pratiqués comme
les Egyptiens & les autres Peuples , dès les
premiers tems. Cette coutume paffa chez les
Grecs & les Romains , & comme elle tiroit
fon origine de la Religion , ou de quelque
action notable dont on vouloit perpétuer la
mémoire, il y a lieu de croire que ces Jeux

nommoient *Courſes*, *Combats*, *Spectacles*. Les premiers s'appelloient *Eques-
tres*, ſive *Curules*, qui étoient des courſes qui ſe faiſoient dans le Cirque dédié au Soleil & à Neptune (1). Les ſe-
conds s'appelloient *Agonales*, ſeu *Gym-
nici*, qui étoient les Combats & les
Luttes, tant d'hommes que de bêtes,

publics & ſacrés furent inſtitués dès les premiers tems. Les principaux étoient les Jeux
Olympiques, Pythiques, Pyrhiques, Apol-
linaires, Capitolins, Equeſtres, Floraux,
Iſélaſtiques, Iſthmiens, Vénaux, Mégaleſiens,
Plébeiens, Séculaires, Troyens, Actiaques,
les Jeux de Cérès & de Mars.

(1) Virgile décrit ainſi ces Jeux : (*Eneide* 7).

*Ante Urbem pueri & primævo Flore juventus
Exercentur Equis domitantque in pulvere curras,
Aut acres tendunt Arcus, aut lenta lacertis
Spicula contorquent, curſuque ictuque laceſſunt.*

Horace ſe plaint de ce qu'on les négligeoit
pour donner dans les Jeux de hazard :

*Neſcit Equo Rudis hærere ingenuus puer,
Venarique timet, ludere doctior
Seu Græco jubeas Trocho,
Seu Mavis vetitâ Legibus Aleâ.*

(Horat. Lib. III. Car.)

D iv

qui fe faifoient dans l'Amphithéatre
dédié à Mars & à Diane ; les troifiemes
s'appelloient *Scenici* , *Poetici & Mufici*,
c'étoient les Tragédies , Comédies ,
Ballets , qui fe repréfentoient fur le
Théatre dédié à Bacchus , à Apollon
& à Minerve.

J'adopte cette divifion des Jeux des
Anciens qui s'accommode bien à ceux
qu'on peut donner ici. Je ne ferai qu'y
ajouter une énumération des Jeux particuliers , qu'on ne doit pas , je crois, en
exclure.

Les *Courfes* pourroient être d'hommes, de chevaux & de chars: quoique
les courfes d'hommes n'aient point été
en ufage parmi les Jeux antiques ,
elles ne me fembleroient pas défagréa-
bles à voir, & je ne les regarderois pas
comme inutiles , parce qu'elles pourroient fervir à former des Coureurs,
des gens alertes dans les troupes , bons
pour aller à la découverte & aux efcar-
mouches. Je conviens que celles de
chevaux fentent plus le Spectacle, &
par-là peuvent plaire davantage ; on
voit auffi de quelle utilité elles peuvent
être pour faire épreuve de chevaux
& d'écuyers ; mais celles des chars les

surpaffent & deviennent plus admira-
bles, à proportion des difficultés qu'el-
es offrent. On en feroit d'un cheval
à un cabriolet, de deux à un caroffe;
de trois, de quatre de front; les Anciens ont même été jufqu'à fix. Mais
comme ces exercices, autant qu'il fe
pourroit, devroient fe rapporter à l'u-
tilité publique, il vaudroit mieux felon notre maniere d'atteler en mettre
deux, quatre, fix, huit à la file à deux
de front. Cet exercice formeroit d'habiles conducteurs. On diftribueroit des
prix & des couronnes à ceux qui vain-
croient dans ces Jeux & les fuivans.

Les *Combats*, fans offrir de dangers,
préfenteroient des jeux intéreffans. Ils
feroient tantôt d'homme à homme fans
armes, c'eft-à-dire, qu'on feroit exécuter des luttes. C'eft le feul combat
des Anciens que nous pourrions rendre, parce qu'on peut le repréfenter
d'une maniere à y déployer beaucoup
de force & d'adreffe, fans qu'il y pa-
roiffe rien de féroce, de fanguinaire
& de contraire à notre louable fenfi-
bilité. Il n'y a perfonne qui n'ait vu
avec plaifir, celle qui s'eft donnée dans
l'Opéra de *Caftor* & de *Pollux*. Elle
pourroit fervir de modèle.

Une autre fois, on préſenteroit des gens habiles dans l'eſcrime, tels que des Maîtres en fait d'armes. La fineſſe de ce jeu, la légéreté, l'agilité, la juſteſſe qu'il exige, amuſeroit certainement, puiſque, ſans l'appareil & la pompe qu'on chercheroit toujours à mettre à ces Spectacles, on ſe plaît à aller voir tirer dans les ſalles particulieres.

Tantôt deux corps d'infanterie, diſtingués l'un de l'autre par les habits & formant comme deux armées, dont on verroit les camps, les bagages, les machines & autre attirails de guerre feroient toutes les évolutions militaires, en viendroient aux mains à l'arme blanche, au feu, & on couronneroit les Chefs & quelques-uns des ſoldats qui auroient montré plus d'art, de courage & de valeur. Tantôt on repréſenteroit ce Spectacle par des corps de cavalerie ; & quelquefois pour offrir nos combats dans toutes leur perfection, chaque armée auroit ſon infanterie & ſa cavalerie. L'affluence, qui s'eſt toujours trouvée aux camps qui ſe ſont tenus il y a quelques années, eſt une preuve du plaiſir que procure ce ſpectacle.

Enfin, on pourroit donner des

Tournois, des Carroufels, fans atti-
rer les foudres du Vatican, parce
que tout s'y pafleroit fans défordre &
fans péril (1) : & ce ne feroit pas
pour cela le lieu de l'application du
bon mot d'un Chiaoux en voyant un
Tournois. *C'en eft trop*, dit-il, *fi ce
n'eft qu'un jeu, & trop peu fi c'eft tout
de bon* ; puifqu'on banniroit de ces
jeux tout rifque, tout danger, toute
cruauté, & qu'on n'y verroit briller
que l'adreffe, la force, une rufe ingé-
nieufe, une émulation, l'image du

(1) Ce furent les défordres & les dangers
des Tournois qui donnerent occafion à plufieurs Papes de les défendre, excommuniant
ceux qui s'y trouvoient, Innocent II , vers
l'an 1140, Eugène III ; & enfuite Alexandre
III , au Concile de Latran en 1179 , furent
les premiers qui fulminerent leurs anathêmes
contre les Tournois. Innocent IV les défendit
pour trois ans au Concile célébré à Lyon l'an
1245 , ne pouvant les abolir tout d'un coup.
Et Clément VI fit la même chofe en 1313.
Les Princes féculiers défendirent auffi quelques Tournois, à caufe des défordres qui y
arrivoient, ou parce qu'ils avoient affaire des
Seigneurs & des Chevaliers en d'autres occa-
fions ; & fur-tout parce que le péril étoit
encore plus à craindre pour les Souverains.

courage & de la valeur , & que tous ces exercices feroient comme un appren-tiflage de l'art important de la guerre en même - temps qu'ils offriroient au peuple un Spectacle noble & cu-rieux (1).

. Les *combats* ou *naumachies* préfen-teroient des joûtes ; mais où l'on com-battroit d'une maniere variée, adroi-te & animée. On diverfifieroit ces joû-tes en mettant, comme je l'ai déja fait obferver , plufieurs foldats fur chaque

(1) Dans les Jeux Pyrrhiques , exercice militaire inventé par Pyrrhus, fils d'Achille, ou par un certain Pyrrhicus de la Ville de Cydon dans l'Ifle de Crête , les jeunes Soldats n'ayant que des armes & des boucliers de buis, faifoient en danfant plufieurs tours & divers mouvemens , qui repréfentoient les différentes évolutions des batailles. Ils exprimoient auffi par leurs geftes , tous les devoirs des Soldats dans la guerre ; comme il falloit attaquer l'Ennemi , manier l'épée dans le combat , lancer un dard, ou tirer une flèche. Cepen-dant plufieurs Joueurs animoient ces Soldats par le fon de leur flûte , & réjouiffoient le Peuple qui étoit préfent à ces Spectacles. Sou-vent auffi , les jeunes Seigneurs & les Enfans nobles fe divertiffoient à ces Jeux , que l'on appelloit *Caftrenfes*.

batelet, en faifant agir plufieurs barques à la fois, & en augmentant à
mefure que le combat s'échaufferoit.
Mais ce qui frapperoit bien davantage, feroit la repréfentation de quelque bataille navale, telle qu'elle fe
donne de nos jours, en prenant toutes les précautions, ce qui feroit facile, pour qu'il n'arrive aucun accident
ni aux acteurs ni aux fpectateurs.

Les *Spectacles* confifteroient dans la
repréfentation d'Opéras, de Ballets,
de Tragédies, de Comédies ; toutes
nos bonnes pieces en ce genre ne réf-
pirant que l'enjouement, l'aménité,
la décence & les bonnes mœurs, don-
neroient au peuple un ton, un langage, des manieres, des fentimens
qui rendroient les François les délices
de toutes les nations. On donneroit
encore de temps en temps des Concerts, où les vertus de tolérance,
d'humanité, de bienfaifance, de gé-
nérofité, exprimées dans les vers fu-
blimes de nos meilleurs Poëtes, feroient fur les cœurs les plus douces &
les plus heureufes impreffions. On y
réciteroit, on y déclameroit des poë-
mes ou d'autres pieces d'efprit de nos

plus excellents Poëtes ou Orateurs fur
les fujets les plus propres à infpirer
aux citoyens l'attachement aux devoirs de leur état, la fubordination aux
loix, le zele de la patrie, & l'amour
du Prince, inné dans tous le cœurs
François. Enfin, pour y voir de tout,
on y introduiroit quelquefois des Danfeurs de corde, des Sauteurs, des
Voltigeurs, Spectacle dont s'amufoient auffi les anciens, & où ils ont
eu des hommes qui exécutoient ou faifoient exécuter des chofes incroya-
bles (1).

(1) On en a vu jouer à la longue paume
avec la plante du pied, & au milieu de mille
tours chaffer & rechaffer les balles.

Ille pilam Celeri fugientem reddere plantâ,
Et pedibus prenfare Manus & ludere faltu
Mobilibufque Citos ictus glomerare lacertis.

D'autres s'expofer au milieu des flammes ar-
dentes, ou imiter dans l'air les mouvemens
du Dauphin, ou voler & fe jouer dans les
airs :

Membraque per flammas orbefque Emiffa flagrantes
Delphinumque fuo, per inane imitantia motu,
Et viduata volant pennis & in aere ludunt.

(Thefaurus Antiquitatum Roman., Tom. 9, Julius
Bulengerus de Theatro : de Miraculorum Patratoribus).

Venons à préfent aux jeux particuliers qu'on pourroit introduire au Colifée , je ne ferai pas l'énumération de
ceux des anciens , ils en avoient de fi
cruels & de fi barbares , qu'on ne
pourroit fe l'imaginer fans le rapport
affuré de ceux qui nous en ont inf-
truits. J'en citerai deux qui feront
horreur , & qui cependant amufoient
alors. Les Traces (1) dans leurs feftins
attachoient une corde à un anneau élevé,
mettoient deffous une pierre qui tour-
noit facilement en cas qu'on voulût s'y
appuyer ; enfuite ils tiroient au fort ,
& celui fur qui il tomboit tenant une

Suétone rapporte que l'on vit des Eléphans
marcher fur une corde du tems de l'Empereur
Galba , & qu'un Chevalier Romain parut auffi
fur la corde , monté fur un Eléphant en pré-
fence de Néron. *Schoenotates M.*)

(1) *Apud Thracas ufitabatur hoc Ludus in
Conviviis : laqueum è fublimi loco adaptatum
fufpendebant , lapidemque fubjiciebant qui facilè
circonverteretur fi quis infifteret , inde quem fors
tetigiffet falcem manu fuâ tenens collum laqueo
inferebant , aliufque tunc accedens lapide impulfo
difcedebat. Nifi ociùs falce laqueum fecuiffet
ftrangulatus moriebatur , morfque ejus Specta-
turibus Lufus tantum & Jocus erat.* (J. Meurfii
Græc. Lud. p. 3).

faulx à la main, paſſoit le col dans la
corde, tandis qu'un autre s'appro-
chant, éloignoit la pi rre, & ſe reti-
roit. Alors, ſi celui qui étoit pendu
ne coupoit promptement de ſa faulx
la corde, il mouroit étranglé, & les
ſpectateurs ne faiſoient qu'en plaiſan-
ter & qu'en rire.

D'autres fois on dreſſoit un poteau
de hauteur d'homme, & par un trou
fait au milieu, on paſſoit une corde
à laquelle on attachoit dos-à-dos deux
jeunes gens qui faiſoient tous leurs
efforts pour s'enlever l'un l'autre, ce
qui devoit en rendre toujours un la
victime de ce jeu atroce, & quelquefois tous les deux, quand ils ſe trouvoient à peu près d'égale force.

Les anciens avoient d'autres jeux,
ſi pueriles, ſi ridicules & ſi faux, que
l'on ne conçoit pas comment les enfans même pouvoient s'en amuſer deux
fois. Tel étoit celui du miroir (1),

_____

(1) *Trabs figebatur viri magnitudine in medio
perforata, ubi funis trajiciebatur, quo ſuſpenſi
utrinque duo juvenes, tergo inter ſe obverſo,
in altum trahere alter alterum nitebatur.* (Ibid.
p. 12).

au

au clair de la pleine lune, un des
joueurs, traçoit & écrivoit ce qu'il lui
plaifoit fur un miroir, puis appellant
un autre, & le faifant mettre auprès
de foi, il montroit les lettres à la lune,
& celui qui étoit proche de lui portant
les yeux fur l'orbe de cette planete,
lifoit ce qui étoit écrit fur le miroir.
Cela ne fait-il pas pitié?

Ne prenant donc des anciens que
les jeux les plus amufans, nous con-
ferverons les danfes, qui felon le tems
& les circonftances fe feroient tantôt
en dedans, tantôt au-dehors; la ba-
gue, qui fe tireroit dans les cours où
il pourroit y avoir des jeux de Siam;
le balon, dont on dreflieroit un jeu, ainfi
que de courte-paume; la longue, de même que la boule, fe joueroit dans le
jardin, ou fe feroient aufli les tirages
darc, d'arbalête, de fufil & d'arque-

(a) *De Speculo Pythagoræ feu Pythago.*

*Pythagus & Lufus per fpeculum. Lunâ
plenâ & orbiculatâ fi quis fpeculum fanguine
infcribat, & exaret quæ voluerit, cum alium
monuerit ut ftet ponè fe, oftendit ad lunam lit-
teras, & ille qui propè eft intendens oculos in
circulum Lunæ, leget omnia quæ fcripta funt in
fpeculo.* (Bulengerus, de Lud. privat. ac Do-
meft. veterum).

E

buſe, (ſuppoſé que ces derniers puiſſent avoir lieu ſans inconvéniens), &
dans l'intérieur il y auroit pluſieurs
billards, dans les ſalles d'en-bas & d'en-
haut ; mais tous ces jeux ne ſeront
point intéreſſés (1), ou du moins ne
le ſeront que comme ceux qui amu-
ſent dans les caffés, où il ne ſe com-
met aucun abus dans les jeux d'échecs,
de dames, de domino , &c. dont on
pourroit encore s'amuſer au Coliſée
après ceux d'exercice ; mais on n'y
ſouffrira aucun jeu de cartes ni de ha-
ſard (2).

A l'égard des jeux d'adreſſe, il faudroit avoir des gens qui excellaſſent
dans chacun d'eux ; bien des perſonnes qui y ont du goût, ſe feroient

(1) A Rome le Sénat avoit défendu d'in-
téreſſer aucun Jeu. *Senatus Conſultum vetuit
in pecuniam ludere. Præterquàm ſi quis certet
haſtâ vel pilo jaciendo , vel currendo, ſaliendo ,
luctando , equitando , quod virtutis causâ fiat.*
(Paulus , Lib. II, ff. de Aleator).

(2) C'eſt à ces ſortes de Jeux qu'on peut
bien appliquer cette ſentence frappante de
Madame Deshoulieres :

  On commence par être dupe,
  On finit par être fripon.

un plaifir de les voir jouer, & appren-
droient enfuite à s'y exercer eux-mêmes.

Mon compagnon, qui m'avoit laif-
fé avec toute liberté faire mon détail, m'interrompit en difant : quel
parti, Monfieur, vous fçavez tirer du
Colifée ! vous avez tout employé, &
on croiroit, tant il s'accommode à vos
idées, que celui qui a donné & exécuté
le plan de ce fuperbe édifice, avoit
prévu tous les ufages qu'on en pourroit tirer. Je n'en doute nullement,
lui dis-je, & cet habile Architecte,
qui poffède une connoiffance parfaite
des édifices des anciens, confacrés aux
Spectacles les plus pompeux, a réuni
dans le fien, tout ce qui peut prêter à
l'admiration, à l'amufement & au plaifir d'un peuple innombrable.

C'eft à ceux qui en font chargés à

Aleator quanto in Arte melior, tanto eft nequior. (Senecâ
Lib. Ult. C. de Religiof.)

. . . . Neque enim loculis comitantibus itur
Ad Cafum Tabulæ pofita fed luditur Arcâ.
. . . . Simplex ne furor fextertia centum
Perdere & horrenti tunicam non reddere fervo.
(Juven. Sat. 1).

E ij

en tirer avantage, des différentes manieres que je viens d'expofer, ou d'une infinité d'autres plus ingénieufes qu'ils pourront imaginer; mais qui ne tendront toujours qu'à la réunion du peuple, à fa liaifon, à fa civilifation, en banniffant toute groffiereté, tout défordre, toute cruauté, toute barbarie, & ne permettant dans le Colifée, que des divertiffemens honnêtes, des exercices adroits, des Spectacles raviffans.

Tels font les amufemens & les jeux dont j'ai parlé, je ne crois pas qu'on puiffe appliquer à aucun d'eux les reproches de ferocité, de cruauté de barbarie, qu'un de nos Poëtes fait aux anciens fur ceux qui fe donnoient dans leurs Colifées :

> Piétre, Barbare, Colifée
> Exécrable refte des Gots.

Au contraire, on adoptera par allufion au Moderne & à la France, dans un fens beaucoup plus jufte & plus vrai, qu'il ne pouvoit l'être pour celui de Vefpafien & pour l'Empire, l'oracle que Bede rapporte à ce fujet. *Quandiu ftabit Colifæus, ftabit & ro-*

ma, quando cadet Colisœus, cadet & Roma; quando cadet Coma, cadet & mundus; tant que le Colisée subsistera, Rome subsistera, quand le Colisée tombera, Rome tombera, & quand Rome tombera, l'univers s'écroulera. C'est à cette durée, qui n'aura d'autres bornes que celles du monde, que j'augure que parviendront Paris & le Colisée: ce sont-là les vœux désintéressés & sinceres que je forme pour l'agrément, la gloire & le bonheur de ma patrie.

POST-SCRIPTUM.

Quatre jours avant l'annonce des Jeux Olympiques, j'avois présenté ces Observations sur nos Spectacles & sur le Colisée, à la Police, pour en obtenir la permission de les faire imprimer; mais faute d'un double qu'il falloit y laisser, je n'ai pû l'obtenir plutôt. Ce retard m'a procuré la satisfaction de voir, avant l'impression de mon ouvrage, réaliser mes idées dans les Jeux

Olympiques qu'un Prince, (1) sçavant
appréciateur & puissant protecteur des
beaux arts, a honoré de sa présence.

(1) Monseigneur le Duc de Chartres.

APPROBATION.

J'AI lu, par ordre de Monseigneur le Chancelier, un Manuscrit ayant pour titre: *Observations sur les Spectacles en général, & en particulier sur le Colisée*; & je n'y ai rien trouvé qui puisse en empêcher l'impression. A Paris, ce 3 Septembre 1772.

MARCHAND.

Vu l'Approbation, permis d'imprimer, ce 10 Septembre 1772.

DE SARTINE.

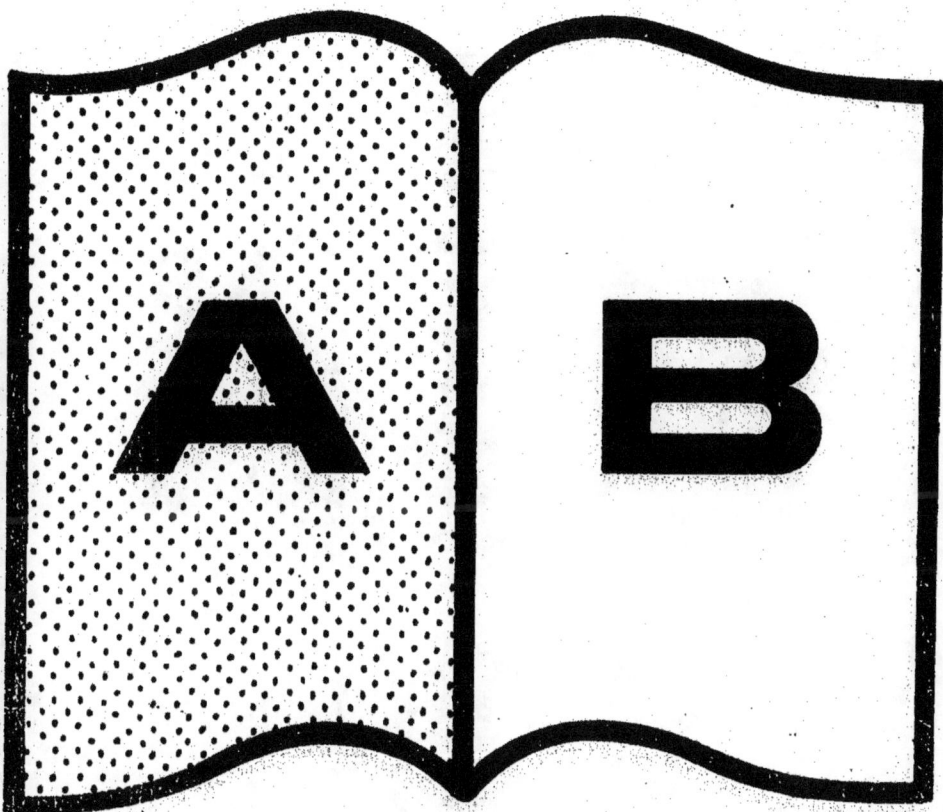

Contraste insuffisant

NF Z 43-120-14